TANNHÆUSER

OU LE

TOURNOI DES CHANTEURS

A LA WARTBURG

DE

RICHARD WAGNER

Traduction par J. ARTHUR DELPIT

Dédié à Madame Cosima Wagner

PARIS
LIBRAIRIE FISCHBACHER
(SOCIÉTÉ ANONYME)
33, RUE DE SEINE, 33
1896

Tous droits réservés.

TANNHÆUSER

ou

LE TOURNOI DES CHANTEURS

A LA WARTBURG

TANNHÆUSER

OU LE

TOURNOI DES CHANTEURS

A LA WARTBURG

DE

RICHARD WAGNER

Traduction par J. ARTHUR DELPIT

Dédié à Madame Cosima Wagner

PARIS
LIBRAIRIE FISCHBACHER
(SOCIÉTÉ ANONYME)
33, RUE DE SEINE, 33
1896

Tous droits réservés.

IMPRIMERIE ALSACIENNE ANCᵗ G. FISCHBACH, STRASBOURG. 5601

A

Madame Cosima Wagner

Hommage de respectueuse admiration.

A

Madame COSIMA WAGNER

———

Madame,

Le monde des lettres et de l'art applaudissait naguère au triomphal succès du Tannhæuser à l'Opéra, et Paris honorait la France intellectuelle en réservant enfin un enthousiaste accueil au chef-d'œuvre dramatique et musical de votre illustre époux. L'écho de ce triomphe résonne encore de toutes parts et ramène sur les lèvres et à l'esprit de tous le nom glorieux du Maître, dont vous fûtes la fée inspiratrice et la noble compagne.

Le moment semble donc venu de réhabiliter chez nous la mémoire de Wagner et de montrer qu'au-dessus des questions de patriotisme et de nationalité règne l'Art souverain et universel.

Pour moi, je voudrais me pouvoir féliciter un jour d'avoir été l'un, fût-ce le plus obscur, des artisans de cette œuvre de réparation et de justice. J'ai entrepris, dans une pensée d'ailleurs pleinement désintéressée, la traduction du théâtre complet du grand poète allemand. L'un des chefs-d'œuvre qui le composent et l'illustrent le plus, le Tannhæuser, *est déjà prêt, et je n'attends plus, Madame, que votre haute et généreuse approbation pour le livrer au grand jour de la publicité.*

Le culte dont vous honorez votre cher défunt, et le soin que vous prenez à le faire aimer urbi et orbi *me permettent d'espérer que vous accueillerez avec une joie bienveillante l'œuvre nouvelle. C'est la seule récompense que je souhaite, comme mon seul désir est de vous voir accepter l'hommage que je vous offre de mon labeur.*

L'heure est proche, Madame, où le génie de

Wagner sera universellement reconnu et admiré. Heureux alors ceux qui auront contribué, par leur enthousiasme et leur zèle, à éveiller autour d'eux l'amour de ce sublime artiste et ajouté ainsi aux lauriers que la postérité lui réserve!

Veuillez agréer, Madame, l'hommage du profond respect avec lequel j'ai l'honneur d'être

Votre très humble serviteur

J. A. D.

La Mure, le 22 novembre 1895.

Réponse de Madame WAGNER

Monsieur,

Je suis bien sensible à vos bons sentiments et je vous remercie de tout ce que vous me dites d'aimable.

Pour ce qui est de la traduction du poème du Tannhæuser, je crois devoir vous prévenir qu'elle a déjà été faite à plusieurs reprises et qu'il y en a une datée de l'année 1861 qui a paru avec l'approbation de l'auteur, dans un volume intitulé : « *Quatre poèmes d'opéra* », *et précédée d'une longue préface*[1].

L'Anneau des Nibelungen, les Maîtres Chanteurs et Parsifal *ont également été traduits.*

Je ne sais pas si vous connaissez ces travaux, si

---

[1] Il existe en effet une traduction du *Tannhæuser*, celle indiquée par Mme Wagner, qui, publiée au moment où ce grand opéra apparaissait pour la première fois sur la scène française, est déjà tombée dans l'oubli. J'ai donc cru devoir en éditer une nouvelle, d'abord parce qu'elle fait partie intégrante des œuvres complètes de Wagner, dont je publierai sous peu la version, enfin parce que je professe un véritable culte pour le *Tannhæuser*, que j'ai maintes fois entendu en Allemagne et qui m'a toujours transporté d'admiration.

Ce travail, entrepris d'ailleurs sur la prière d'un de mes meilleurs amis, n'était nullement destiné au public, et en le livrant aujourd'hui aux suffrages des lecteurs français, je ne fais encore que céder aux instances de ce même ami. J'espère qu'on verra là une preuve du soin que j'ai mis à rendre cet inimitable chef-d'œuvre, pour ne pas rester inférieur à mon devancier.

Je me suis notamment efforcé de conserver le plus possible l'image et le mouvement de la phrase dramatique, afin de pénétrer le lecteur de la mélancolie épandue sur toute la pièce, et provenant du conflit incessant des passions en l'âme humaine, qui ne trouve son suprême salut que dans la foi et la mort.

vous les trouvez insuffisants et désirez mieux faire[1].
Mais je tenais à vous renseigner.

Recevez, Monsieur, avec mes remerciements, l'expression de mes sentiments bien distingués.

C. WAGNER

Bayreuth (Wahnfried), 26 novembre 1895.

---

[1] Les chefs-d'œuvre de Wagner ont tous été traduits sans doute, mais ces traductions sont éparses et diverses. La littérature française ne possède pas encore, comme pour Shakespeare, une version unique du théâtre complet du Maître de la scène allemande. Cette œuvre, il importe de la lui donner, afin de permettre à tous les dilettanti à qui la langue allemande est étrangère, d'étudier et, en l'étudiant, d'estimer et d'aimer l'œuvre dramatique wagnérienne.

PERSONNAGES

Hermann, landgrave de Thuringe.
Tannhæuser
Wolfram d'Eschenbach
Walther de la Vogelweide   } Chevaliers
Biterolf   et
Henri le Scribe   Chanteurs.
Reimar de Zweter
Élisabeth, nièce du landgrave.
Vénus
Un jeune berger

Chevaliers, chanteurs. Comtes. Nobles. Dames nobles. — Pages. — Vieux et jeunes pèlerins. — Sirènes. Naïades. Nymphes. Bacchantes.

Lieux :

La Thuringe. La Wartburg.

Le drame se passe au commencement du XIIIe siècle.

PROLOGUE

L'antique déesse germaine, l'aimable, douce et gracieuse *Holda*, dont la procession annuelle à travers le pays apportait aux champs l'abondance et la prospérité, dut, à l'introduction du christianisme, partager le sort de Wodan et des autres dieux. L'existence et la miraculeuse puissance de ces dieux ne furent pas absolument niées, le peuple ayant en eux une foi trop vive; mais leur bienfaisante influence passée devint suspecte et maligne.

Holda fut reléguée dans des grottes souterraines, au sein des montagnes ; ses sorties devinrent funestes et sa suite fut désormais une troupe infernale. Plus tard (tandis que la foi en son doux et vivifiant pouvoir régnait encore ignorée dans les basses classes du peuple) son nom se transforma en celui de *Vénus*, nom qui fut le symbole d'une existence démoniaque, enchanteresse et séductrice, faite de plaisirs impurs et sensuels. L'une de ses principales demeures était en Thuringe, disait-on, l'intérieur de l'Hörselberg, près d'Eisenach. C'est là que Vénus tenait la somptueuse cour de la volupté ; souvent même on pouvait entendre au dehors le murmure d'une enivrante musique. Mais ses suaves accents ne séduisaient que ceux au cœur desquels germaient déjà d'ardents désirs sensuels : attirés et guidés par cette joyeuse et séduisante harmonie, ils tombaient sans savoir comment au sein de la montagne. La renommée raconte qu'un chevalier et un chanteur *Tannhœuser* (d'après la légende et l'histoire *Henri d'Ofterdingen* du Tournoi des Chanteurs) serait allé au *Vénusberg* et aurait passé une année entière à la cour de *Vénus*.

PREMIER ACTE

PREMIÈRE SCÈNE

La scène représente l'intérieur du Vénusberg (l'Hörselberg près d'Eisenach).

Chant des Sirènes

Venez aux rives, venez au séjour où, en d'ardentes étreintes, un divin amour apaisera vos désirs.

DEUXIÈME SCÈNE

Vénus — Tannhæuser

Vénus

O bien-aimé, dis-moi où ton esprit s'envole?

Tannhæuser

C'en est trop! C'en est trop! Ah! puissé-je enfin m'éveiller!

Vénus

Dis-moi quel est donc ton chagrin?

Tannhæuser

En songe je croyais entendre — ce que depuis longtemps n'ouït plus mon oreille! — je croyais entendre le bruit joyeux des cloches! Oh dis! depuis quel temps ne le perçois-je plus?

Vénus

Où vas-tu t'égarer? Qu'est-ce qui te saisit?

Tannhæuser

Le temps qu'ici je passe, je ne le puis mesurer : — le jour, la nuit — rien n'existe plus pour moi, car je ne vois plus le soleil, ni les riants astres du ciel; — je ne vois plus le rameau reverdi ramener l'été, — je n'entends plus le rossignol m'annoncer le printemps: — je ne l'ouïrai plus, je ne les verrai plus jamais?

Vénus

Ah! quelles plaintes insensées sont les tiennes! Es-tu si tôt las des suaves merveilles que mon amour t'a réservées? Ou comment? Te repens-tu si fort d'être un dieu? As-tu si tôt oublié ton passé de douleur auprès de ton bonheur présent? Debout, mon aède? Prends ton luth et célèbre l'amour; redis ce chant si beau que par lui tu gagnas Vénus elle-même. Chante l'amour, toi qui en as reçu le prix sublime!

Tannhæuser

Que tes louanges retentissent! Bénies soient les merveilles que pour ma félicité créa ta puissance! Que mon chant d'allégresse exalte les douces extases nées de tes faveurs! Mon cœur appétait la joie et les voluptueux plaisirs: alors tu m'abandonnas, quoique simple mortel, ce qu'autrefois tu ne donnais qu'aux dieux. Mais mortel, hélas! je suis resté et ton amour m'est trop sublime ; car si un dieu a des jouissances éternelles, moi, je suis sujet au changement. Le plaisir seul ne peut remplir mon cœur : heureux, j'ai le désir ardent de la souffrance. Il me faut quitter ton royaume. O reine, ô déesse, laisse-moi m'enfuir!

Vénus

Perfide ! Malheur à toi ! Quelles paroles as-tu proférées ? Tu oses outrager mon amour ? Tu le célèbres et le veux fuir quand même ? Mes charmes n'ont-ils donc grandi que pour te rassasier ?

Tannhæuser

O belle déesse, ne sois pas irritée contre moi ! C'est la sublimité de tes charmes que je fuis !

Vénus

Malheur à toi! Traître ! Hypocrite ! Ingrat ! je ne te laisserai pas, tu ne dois pas me fuir !

Tannhæuser

Jamais mon amour ne fut plus ardent, jamais il ne fut plus vrai qu'à l'instant où je vais te quitter pour toujours.

Vénus

O mon bien-aimé, viens donc avec moi! Vois la grotte là-bas et sa douce ceinture de vapeurs rosées ; un dieu lui-même serait ravi d'habiter ce séjour enchanté. Repose-toi sur un mol oreiller, afin d'éloigner la douleur ; laisse la brise calmer ta tête brûlante et une délicieuse flamme dilater ton cœur. De mon aimable et lointaine demeure d'harmonieux accords nous appellent. Laisse mon bras t'enlacer en une douce étreinte ; tu boiras sur mes lèvres le nectar divin, et mes yeux pour toi brilleront de reconnaissance et d'amour. Une fête splendide va préluder à notre union ; en liesse célébrons la fête de l'amour ! Et ne lui fais point de timides sacrifices, — non, dans les bras de Vénus enivre-toi de voluptés.

Les Sirènes

Venez aux rives, venez au séjour, etc...

Vénus

O mon chevalier ! O mon bien-aimé ! Veux-tu t'enfuir ?

Tannhæuser

Toujours pour toi et pour toi seule mon chant retentira ! Et toujours je ne chanterai que ta gloire ! Tes charmes suaves sont la source de toute beauté et de toi naît toute grande merveille. Pour toi seule le feu que tu as allumé en mon cœur brûlera comme une flamme pure. Oui, contre le monde entier désormais je veux être ton intrépide et vaillant chevalier. Mais il me faut aller vers le terrestre monde; chez toi je ne puis que servir; c'est la liberté que je désire, la liberté, la liberté dont je suis altéré. Je veux aller au combat, à la gloire, dussé-je y trouver le trépas. Il me faut donc quitter ton royaume. O reine, ô déesse, laisse-moi m'enfuir!

Vénus

Va-t'en, insensé, va-t'en! Traître, fuis, je ne te retiens plus! Sois libre, — va-t'en, va-t'en! Que ton désir soit ta destinée! Sauve-toi vers la froide humanité dont nous fûmes le honteux et bas aveuglement, nous, divinités de la joie, pour le sein brûlant et profond de la terre! Va-t'en, homme séduit! Cherche ton salut, cherche ton salut, et ne le trouve jamais! Bientôt l'orgueil quittera ton âme altière; — je te vois déjà humble, contrit, brisé, revenir vers moi, me chercher et implorer ma divine puissance.

Tannhæuser

Hélas! belle déesse, adieu! Jamais plus je ne reviens vers toi!

Vénus

Ah! si jamais tu ne revenais!... si jamais tu ne reviens, oh! alors que maudit de moi soit tout le genre humain! C'est en vain qu'on m'invoquera. Puisse le monde être désert et son héros être un esclave! — Reviens! reviens vers moi!

Tannhæuser

Jamais plus ne me ravira le bonheur d'aimer.

Vénus

Oh! reviens, si ton cœur t'y invite.

Tannhæuser

Ton bien-aimé s'en va pour toujours.

Vénus

Et si le monde entier te bannit!

Tannhæuser

Je rachèterai l'anathème par la pénitence!

Vénus

Jamais tu ne seras pardonné, — reviens et tu trouveras ton salut.

Tannhæuser

Mon salut, mon salut repose en la **Vierge Marie.**

(La scène se transforme.)

TROISIÈME SCÈNE

Une vallée en Thuringe ; dans le fond la Wartburg.

Tannhæuser, le berger, les vieux pèlerins

Le berger

Dame Holda est sortie de la montagne pour aller par les champs et les prés ; mon oreille entendit alors une douce mélodie et mes yeux voulurent voir ; puis je rêvais maint songe magnifique, et quand à nouveau mon œil s'ouvrit à la lumière, déjà brillait le soleil brûlant ; le mois de mai, le mois de mai était venu. Et maintenant je joue joyeux sur mon chalumeau : voilà le mois de mai, le beau mois de mai.

Chant des vieux pèlerins

Je vais vers toi, Seigneur Jésus, toi qui es l'espérance du pécheur ! Sois louée, Vierge douce et pure, et favorise le pèlerin. Hélas ! je plie, je succombe sous le poids du péché. Aussi, je ne veux plus ni sommeil ni repos, mais la peine et la souffrance. A la grande fête du Jubilé, je vais expier mes fautes dans l'humilité. Béni soit le chrétien fidèle, il sera racheté par la pénitence et le repentir.

Le berger

Qu'heureux soit votre voyage à Rome ! Priez pour ma pauvre âme !

Tannhæuser

O Tout-Puissant, que ta gloire soit célébrée, car grandes sont les merveilles de ta grâce !

Le chant des pèlerins

Je vais vers toi, Seigneur Jésus, toi qui es l'espérance du pèlerin ! Sois louée, Vierge douce et pure, et favorise notre pèlerinage.

Tannhæuser

Hélas ! sous le poids du péché ma pauvre âme chancelle et succombe ! Aussi je ne veux plus ni sommeil, ni repos ; à moi la peine et la souffrance.

QUATRIÈME SCÈNE

Tannhæuser, le landgrave, Walther, Biterolf, Wolfram et les autres chanteurs

---

Le landgrave

Qui est là en ardente prière ?

Walther

Un pénitent sans doute.

Biterolf

Un chevalier : il en a le costume.

Walther

C'est lui.

Les chanteurs et le landgrave

Herri ! Henri ! Est-ce bien toi ?

Le landgrave

Est-ce vraiment toi ? Reviens-tu parmi ceux que ton orgueil quitta ?

Biterolf

Dis, que présage pour nous ton retour ? Est-ce la paix ou le combat ?

Walther

Viens-tu vers nous en ami ou en ennemi ?

Les autres chanteurs, Wolfram excepté :

En ennemi.

Wolfram

Oh ! ne l'interrogez point ! Est-ce donc là une mine altière ? Salut, intrépide chanteur, qui depuis si longtemps, hélas ! nous manque !

Walther

Sois le bienvenu, si tu viens en paix.

Biterolf

Salut à toi, si nous sommes encore amis !

Tous les chanteurs

Salut ! Salut ! Salut !

Le landgrave

Sois aussi le bienvenu pour moi ! Dis, où es-tu resté si longtemps ?

Tannhæuser

J'errai loin, bien loin d'ici, — quel est ce lieu où je ne trouvai jamais ni paix, ni repos, oh ! ne me le demandez point. Ce n'est pas le combat qu'auprès de vous je cherche ; soyons amis, mais laissez-moi partir.

Le landgrave

Non certes. Tu es redevenu des nôtres.

Walther

Tu ne dois pas partir !

Biterolf

Nous ne le voulons pas.

Tannhæuser

Laissez-moi. Nul séjour ne m'est nécessaire, et le repos m'a fui pour la vie ; toujours devant moi il me faut aller, sans pouvoir jamais porter mes regards en arrière.

Le landgrave et les chanteurs

Oh ! reste. Auprès de nous tu dois demeurer, nous ne te laisserons pas partir. Tu nous cherchais ; pourquoi t'enfuir après un revoir si court ?

Tannhæuser

Partir ! Oui, il faut que je parte d'ici !

Les chanteurs

Reste, reste auprès de nous !

Wolfram

Reste auprès d'Élisabeth !

Tannhæuser

Élisabeth ! O puissance du ciel, est-ce toi qui me fais entendre ce nom si doux ?

Wolfram

Ne me traite pas d'ennemi pour te l'avoir nommé. Me permets-tu, Prince, de lui annoncer son bonheur ?

Le landgrave

Dis-lui le charme qu'il a exercé et que Dieu lui donne la vertu de le rompre dignement.

Wolfram

Lorsque, dans l'audacieux tournoi poétique, tu nous combattais, soit que ton chant fût victorieux, soit que notre art l'emportât sur le tien, il était un prix que seul de nous tu obtenais toujours. Était-ce par un charme, était-ce par une sainte puissance que tu accomplis ce miracle ? Ton chant voluptueux et triste séduisit la plus vertueuse des vierges. Hélas ! lorsque ta fierté nous quitta, son cœur en effet à nos chants se ferma ; nous vîmes pâlir ses joues et pour toujours elle fuit notre cour. Oh ! reviens intrépide chanteur, et que ton chant s'unisse au nôtre ; reviens afin qu'elle ne manque plus à nos fêtes et qu'à nouveau pour nous brille son étoile.

Les chanteurs

Sois des nôtres, Henri ! Reviens à nous ! Oublions discordes et querelles ! Que nos chants réunis retentissent et soyons désormais tes frères.

Tannhæuser

Vers elle ! vers elle ! Oh, menez-moi vers elle ! Ah ! je les reconnais maintenant les splendeurs de ce monde que j'avais quitté! Les regards du ciel descendent jusqu'à moi et tout autour de moi les champs brillent de leur riche parure. L'harmonieux printemps pénètre en mon âme et l'enivre, tandis que mon cœur, ardant d'un doux et impétueux désir, me crie bien haut: « Vers elle, vers elle! »

Le landgrave et les chanteurs

il nous est revenu celui que nous avions perdu! Un miracle nous l'a ramené. Bénie soit l'aimable puissance qui lui ôta son orgueil. Qu'à l'oreille de la vierge bien-aimée retentissent encore  chants les plus sublimes et que de  poitrine s'élève un hymne d'allégresse.

DEUXIÈME ACTE

PREMIÈRE SCÈNE

La salle des chanteurs à la Wartburg.

ÉLISABETH

O chère salle, salut encore une fois; joyeuse, je te salue, espace bien-aimé ! Sous tes voûtes son chant va bientôt résonner et m'éveiller de mon pénible rêve. Ah ! que tu me paraissais désolée, pendant qu'il était loin de toi : la paix m'avait fui, la joie t'avait quittée toi-même.

Aujourd'hui mon cœur s'élève, et, comme lui, tu me parais fière et superbe, car celui qui nous animait tous deux d'une vie nouvelle est revenu pour toujours. Salut ! Salut à toi !

DEUXIÈME SCÈNE

Wolfram, Élisabeth, Tannhæuser

Wolfram

La voilà : approche-toi d'elle en silence.

Tannhæuser

O princesse !

Élisabeth

O Dieu ! — Levez-vous ! — Laissez-moi. Je ne puis vous voir en ces lieux !

Tannhæuser

Tu le peux ! Oh, reste, et laisse-moi prosterné à tes pieds.

Élisabeth

Eh bien, levez-vous ! Aussi bien vous ne devez pas plier ici le genou, puisque cette salle est votre royaume. Oh ! levez-vous ! Et soyez remercié pour votre retour ! — Où êtes-vous si longtemps demeuré ?

Tannhæuser

Loin, loin, bien loin d'ici. Mais le voile épais de l'oubli est tombé entre hier et aujourd'hui. Tous mes souvenirs se sont vite évanouis, et je ne me rappelle que cette seule chose : je n'espérais plus vous revoir, ni lever jamais plus vers vous mes regards.

Élisabeth

Qu'est-ce donc qui vous a ramené ?

Tannhæuser

Un miracle, un prodigieux et sublime miracle !

Élisabeth

Du plus profond du cœur je bénis ce miracle ! Excusez-moi, si je ne sais ce que je dis : je rêve encore et je m'égare comme une enfant, livrée, sans m'en pouvoir défendre, à la puissance de ce prodige. Je ne me connais presque plus ; oh, aidez-moi à deviner l'énigme de mon cœur. Jadis j'aimais beaucoup ouïr les belles mélodies des aèdes : leur chant et leurs hymnes étaient pour moi un délicieux plaisir. Mais quelle étrange vie nouvelle vos chants suscitaient en mon âme ! Tantôt ils me saisissaient de douleur et je me sentais frémir, tantôt ils faisaient naître en moi d'impétueux désirs. O sentiments, que jamais je n'avais éprouvés ! O désirs, que jamais je n'avais connus ! Tout ce qu'autrefois j'aimais s'était évanoui, tout avait fait place à des délices dont j'ignorais même le nom ! — Et lorsque vous nous eûtes quitté, — la paix et les désirs me quittèrent aussi. Les chants que les aèdes faisaient entendre me paraissaient fades et leur esprit morose. Le rêve n'était plus pour moi qu'une vive souffrance et le réveil qu'une illusion amère ; la joie enfin avait fui de mon cœur. O Henri, quel charme avez-vous donc jeté sur moi ?

Tannhæuser

Au dieu de l'amour adresse tes louanges. C'est lui qui touchait les cordes de ma lyre, lui qui te parlait par ma voix. Et c'est encore lui qui m'a ramené vers toi !

Élisabeth

Bénie soit l'heure, bénie soit la puissance qui m'annonça votre aimable retour ! Dans l'éclat du plaisir le soleil me sourit ; une nouvelle vie pour moi s'éveille, et la joie renaît en mon sein.

Tannhæuser

Bénie soit l'heure, bénie soit la puissance qui m'a par ta bouche annoncé mon bonheur. Je peux désormais me consacrer avec ardeur à cette vie nouvelle, puisque en un joyeux délire, je peux dire que la plus suave de ses merveilles est à moi.

(Il sort.)

TROISIÈME SCÈNE

Le landgrave, Élisabeth

Le landgrave

Toi, je te trouve en cette salle que si longtemps tu évitas ! Est-ce qu'enfin le tournoi de chanteurs que je prépare t'attire en ces lieux ?

Élisabeth

O mon oncle ! O mon bon père !

Le landgrave

Te sens-tu pressée de m'ouvrir ton cœur ?

Élisabeth

Regarde donc en mes yeux. Parler je ne puis.

Le landgrave

Eh bien, que quelque temps encore ton secret demeure caché ; reste sous le charme qui te tient jusqu'à l'heure où tu pourras le rompre : Soit! Le prodige que le chant a fait naître en toi, le chant va le dévoiler bientôt et y mettre une digne fin. Que l'art gracieux devienne action et vie! Déjà s'approchent les nobles de mon pays que j'ai invités à cette rare fête, et ils viennent en plus grand nombre que jamais, ayant appris que tu en es la reine.

QUATRIÈME SCÈNE

Entrée des invités et des chanteurs.

Le chœur

Nous saluons avec plaisir la noble salle où règnent toujours la paix et l'art et où longtemps encore doit retentir ce cri d'allégresse: Prince de Thuringe, landgrave Hermann, salut!

Le landgrave

Déjà en cette salle vous avez beaucoup et bien chanté, vous, chers aèdes; vos sages énigmes et vos chants joyeux ont réjoui notre esprit et notre cœur. — Si notre épée en de sanglants et sérieux combats a soutenu contre les Guelfes la majesté de l'Empire allemand et réprimé de funestes discordes, vous vous êtes acquis une non moindre gloire. Votre art a donné à la grâce, à la pureté, à la vertu, à la vraie foi de grandes et éclatantes victoires. Préparez-nous donc encore une fête, aujourd'hui que nous est revenu l'intrépide chanteur dont l'absence nous fut si cruelle. Je ne sais ce qui l'a ramené près de nous; un étrange secret, ce me semble, que votre chant nous va découvrir. Aussi bien je vous propose ce thème : approfondissez-moi la nature de *l'amour*. Celui qui le pourra et dont le chant sera le plus digne recevra le prix des mains d'Élisabeth. Qu'il le réclame, aussi précieux, aussi élevé soit-il, j'aurai soin qu'elle le lui assure. Debout, chers chanteurs! Faites retentir les cordes de vos lyres! Le sujet est donné, disputez-vous le prix, et recevez d'abord tous nos remerciements.

Le chœur des chevaliers et des dames nobles

Salut! Salut! Salut au prince de Thuringe, salut au protecteur de l'art gracieux!

Quatre pages

Wolfram d'Eschenbach, commence!

Wolfram

Si je promène mes regards sur cette noble assemblée, quel spectacle splendide enflamme mon cœur! Que de héros vaillants, probes et sages j'aperçois, — on dirait une majestueuse, fraîche et verte forêt de chênes superbes. Et si je considère toutes ces dames charmantes et vertueuses, il me semble voir une odorante couronne des plus suaves fleurs. Mon œil est aveuglé par ce spectacle et ma voix s'éteint devant une si gracieuse splendeur. Je regarde alors une étoile, une unique étoile en ce ciel éblouissant : mon esprit aussitôt se recueille et mon âme s'anéantit dans la prière. Car voici qu'à moi se montre une fontaine merveilleuse que je contemple avec ravissement et où je puise de divines et ineffables délices qui apaisent mon cœur. Mais jamais je ne voudrais troubler cette source, ni la frôler de mes lèvres avides : plutôt consacrer ma vie à l'adorer et verser joyeusement pour elle jusqu'à la dernière goutte de mon sang. C'est ainsi, nobles seigneurs, que j'entends le *pur* amour.

Les chevaliers et les dames

C'est bien cela ! Que ton chant soit loué !

Tannhæuser

Moi aussi, Wolfram, j'ai le bonheur de pouvoir contempler ce que tu contemples. Qui ne connaît en effet cette fontaine ? Écoute, comme toi, j'apprécie sa haute vertu. Mais je ne peux m'approcher de sa source sans sentir en moi des désirs brûlants. Pour calmer l'ardeur de ma soif, j'y pose mes lèvres avec confiance et y bois à longs traits des voluptés sans nombre : car cette fontaine est intarissable comme mon désir lui-même inextinguible. Et afin qu'en moi ce désir arde toujours, je me rafraîchis toujours à cette source. Voilà, Wolfram, quel est pour moi le *véritable* amour.

Walther de la Vogelweide

Mon lumineux esprit contemple aussi la fontaine dont nous parle Wolfram. Mais toi, Henri, qui brûles de soif pour elle, tu ne la connais vraiment pas. Laisse-moi te dire et t'enseigner que cette fontaine est la *vertu* même : tu dois l'adorer avec ferveur et respecter sa pureté si belle. Si tu y posais tes lèvres pour apaiser une impure passion, si tu voulais seulement en effleurer les bords, elle perdrait à jamais sa vertu merveilleuse. Si tu veux te rafraîchir à cette source, c'est ton cœur et non ton palais que tu dois y rafraîchir.

Les auditeurs

Salut à toi, Walther ! Que ton chant soit loué !

Tannhæuser

O Walther, en chantant ainsi l'amour, tu l'as dénaturé ! En de si langoureux désirs le monde ne tarderait pas à s'éteindre. Pour rendre gloire à Dieu, levons nos regards vers des hauteurs sublimes, et, considérant le ciel étoilé, payons un juste tribut d'admiration à ses merveilles, parce qu'elles sont insondables. Mais ce que nous pouvons toucher, ce que notre cœur et nos sens peuvent atteindre, ce qui, fait de même matière, s'enlace à nous sous des formes si tendres, il faut l'aimer avec volupté ; c'est dans la volupté seule que je connais l'amour.

Biterolf

Au combat contre nous tous je t'appelle ! Qui pourrait paisiblement entendre tes paroles ? Si ton orgueil le peut souffrir, ô blasphémateur, écoute-moi donc à ton tour. Quand un grand amour m'enflamme, il fortifie mon bras et mon courage, et pour le préserver d'un éternel outrage, je verserais fièrement tout mon sang. Je défends de ma chevaleresque épée l'honneur des dames et la haute vertu; mais ce que le plaisir offrit à ta jeunesse est d'un vil prix et ne vaut pas un coup d'épée.

Les auditeurs

Salut, Biterolf! à toi notre épée!

Tannhæuser

O Biterolf! insipide fanfaron, loup furieux, tu chantes l'amour, sans comprendre assurément ce qu'est pour moi la volupté! Quelles jouissances as-tu donc eues, toi, pauvre hère? L'amour n'a point béni ta vie et les rares joies que tu connus ne valaient certes pas un coup d'épée.

Les chevaliers

Ne le laissez pas achever! Réprimez son audace!

Le landgrave

Arrière ces épées! Chanteurs, restez en paix!

Wolfram

O ciel, laisse-toi fléchir et daigne couronner mon chant! Éloigne le péché de cette noble et pure assemblée! O amour sublime, c'est pour toi que retentit mon hymne inspiré, pour toi, qui, sous les traits d'un ange radieux, m'as pénétré jusqu'au tréfonds de l'âme. C'est Dieu qui t'a envoyé vers nous, car si je suis ton rayon jusqu'en ton lointain et délicieux séjour, je vois que tu mènes au royaume où brille ton étoile éternelle.

Tannhæuser

O déesse de l'amour, pour toi mon chant va retentir! Je vais bien haut célébrer ta gloire! Ta grâce suave est la source de toute beauté et c'est de toi que naît toute grande merveille. *Celui-là* connaît l'amour et *lui seul* le connaît, qui t'a voluptueusement enlacée dans ses bras. Pauvres mortels, qui n'avez jamais su ce qu'était l'amour, allez, allez, pour le savoir, au *Vénusberg !*

Tous

O le sacrilège! Fuyez-le! Entendez-vous? Il a été au Vénusberg.

Les dames nobles

Partons! Éloignons-nous de lui!

Le landgrave, les chevaliers et les chanteurs

Vous l'avez entendu! Sa bouche impie vient de nous faire cet horrible aveu. Il a partagé les plaisirs de l'enfer, il a été au Vénusberg. Quelle chose effroyable, horrible, exécrable! Trempez votre épée dans son sang! Renvoyez-le au bourbier infernal, qu'il soit condamné et banni!

ÉLISABETH

Arrêtez!

Le landgrave, les chevaliers et les chanteurs

Que vois-je? Comment, Élisabeth, la chaste vierge, intervenant pour le pécheur!

ÉLISABETH

Arrière! Ou je méprise la mort! Qu'est-ce en effet que la blessure de votre fer auprès du coup mortel que j'ai reçu de lui?

Le landgrave, les chevaliers et les chanteurs

Élisabeth? Que dis-tu là? Comment! ton cœur s'égare jusqu'à éloigner le châtiment de celui qui t'a si cruellement trahie?

ÉLISABETH

Que m'importe! Mais lui, — songez à son salut! Voulez-vous lui ravir son salut éternel?

Les précédents

Tout espoir est perdu pour lui! La malédiction du ciel l'a frappé! Qu'il meure dans son crime!

Élisabeth

Arrière! Vous n'êtes pas ses juges! Cruels! Jetez ces barbares épées et écoutez la voix de la vierge pure qui vous dit la volonté de Dieu. Le malheureux qu'un charme puissant et terrible tient enchaîné ne peut-il donc obtenir ici-bas son salut par le repentir et la pénitence? Vous, dont la foi est si ardente, vous méconnaissez ainsi les conseils du Très-Haut? Voulez-vous au pécheur ravir son espérance? Dites-moi quel mal il vous a fait? Et regardez devant vous la vierge dont en un coup rapide il a brisé la fleur; regardez celle qui l'aima d'un si profond amour et dont en chantant il a percé le cœur. Oh! je vous implore pour lui! Je vous implore pour sa vie! Laissez-le contrit prendre le chemin de la pénitence! Que le courage de la foi lui soit encore donné, et puisse jadis le Rédempteur avoir souffert aussi pour lui!

Tannhæuser

Malheur! Malheur à moi!

Les précédents

Un ange est descendu du monde éthéré pour annoncer la sainte volonté de Dieu. Regarde, traître infâme, et reconnais ton crime! Tu lui as donné la mort et elle implore pour ta vie. Qui donc n'exaucerait la prière d'un ange? Si je ne dois pas pardonner le coupable, je ne puis résister aux paroles du ciel.

Tannhæuser

Pour sauver le pécheur l'envoyée de Dieu est venue près de moi : mais hélas! je voulais lui donner de criminels désirs et j'ai levé vers elle un œil impur. O toi, qui planes si haut au-dessus de ce monde et qui m'as envoyé un ange tutélaire, aie pitié de moi, aie pitié de celui qui, tombé si bas dans le péché, a honteusement méconnu la médiatrice du ciel!

Le landgrave

Un effroyable forfait a été commis; sous un masque trompeur, un fils maudit de l'enfer s'est glissé parmi nous. Nous te chassons d'ici; près de nous tu ne dois plus rester, car nos foyers sont souillés par ton ignominie et déjà le ciel regarde menaçant ce toit qui depuis trop longtemps te protège. Pour racheter cependant ton dam éternel, un chemin s'ouvre à toi : en te chassant de ces lieux, je te le montre; sers-t-en pour ton salut. Une foule de pèlerins repentants de mon pays est rassemblée : les vieux sont déjà partis, mais les jeunes se reposent encore dans la vallée. Pour des fautes légères leur cœur ne les laisse en repos, et afin d'apaiser leur pieux désir de pénitence, ils s'en vont à Rome au Jubilé.

Le landgrave, les chevaliers et les chanteurs

Pars avec eux vers la ville du Pardon, et tombe là-bas dans la poussière pour expier ta faute. Tu te prosterneras aux pieds de celui qui dit le jugement de Dieu. Mais ne reviens jamais s'il ne te donne ta grâce! Notre vengeance a dû s'apaiser, parce qu'un ange l'a fait taire; cette épée néanmoins te frappera, si tu persévères dans le péché et la honte.

Élisabeth

Laisse-le aller vers toi, Dieu de miséricorde et d'amour! Et pardonne à celui qui, tombé si bas, succombe sous le poids du péché. Pour lui désormais je veux t'implorer et ma vie ne sera plus qu'une prière: montre-lui ta lumière avant qu'il ne disparaisse dans la nuit. Accepte une tremblante victime qui s'offre avec joie! Prends, oh! prends ma vie: elle n'est plus à moi.

Tannhæuser

Comment puis-je trouver ma grâce et expier ma faute? Le salut s'est évanoui, la grâce du ciel est perdue pour moi! Je veux cependant prendre le chemin du repentir, briser ma poitrine et m'anéantir dans la poussière. Que la contrition me devienne un plaisir. Oh! puisse enfin l'ange de ma misère me pardonner, cet ange qui, oubliant mes lâches insultes, s'est offert pour moi en victime expiatoire.

Chœur des jeunes pèlerins

A la grande fête du Jubilé expiez vos péchés dans l'humilité. Béni soit le chrétien fidèle; il est racheté par la pénitence et le repentir. A Rome!

Tous

A Rome!

TROISIÈME ACTE

Prélude: **Pèlerinage de Tannhæuser.**

PREMIÈRE SCÈNE

Vallée en avant de la Wartburg; à gauche l'Hörselberg.

WOLFRAM, ÉLISABETH

WOLFRAM

Je pensais bien la trouver ici en prière, comme il m'advient si souvent lorsque des cimes boisées l'errance me mène dans la vallée. Il a frappé son cœur à mort: et la voilà prosternée en de vives douleurs, qui nuit et jour implore son salut: ô puissance éternelle du saint amour! — Elle attend les pèlerins qui reviennent de Rome, — déjà la feuille tombe et le retour est proche. Revient-il avec les pécheurs pardonnés? C'est là son vœu, là sa prière. O saints, exaucez-la! Et si sa blessure reste éternelle, donnez du moins un baume à sa douleur.

Élisabeth

C'est bien leur chant. — Ce sont eux: ils reviennent. O saints, montrez-moi mon devoir en ce moment, afin que je le remplisse dignement.

Wolfram

Ce sont les pèlerins, — c'est là l'hymne pieux annonçant la grâce et le salut. O ciel, fortifie son cœur à cette heure qui va décider de sa vie.

Chant des vieux pèlerins

Je puis maintenant te contempler avec bonheur, ô ma patrie, et saluer joyeux tes plaines charmantes. Après avoir en chrétien fidèle pèleriné vers Dieu, je vais laisser reposer mon bourdon. La pénitence et l'expiation m'ont réconcilié le Seigneur, auquel mon cœur s'abandonne, que mon repentir bénit et qu'exalte mon chant. Le salut est donné par la grâce au pénitent: il entrera un jour dans la paix bienheureuse du ciel! Il ne craint ni l'enfer ni la mort. Aussi toute ma vie je chanterai les louanges de Dieu. Alleluia dans l'éternité! Alleluia dans l'éternité!

ÉLISABETH

Il ne revient pas ! O Vierge toute-puissante, exauce ma prière ! C'est toi, Vierge bénie, que j'invoque ! Laisse-moi devant toi redevenir poussière, oh ! rappelle-moi de ce bas monde ! Fais que pure et angélique j'entre en ton bienheureux royaume et puisse t'approcher en humble, digne et soumise servante, afin d'implorer ta grâce miséricordieuse pour *son* crime.

WOLFRAM

Élisabeth, me serait-il permis de t'accompagner ?

DEUXIÈME SCÈNE

Wolfram

Wolfram

Comme un présage de mort le crépuscule tombe, enveloppant la vallée d'un manteau de deuil, et l'âme qui prend son essor vers l'au-delà, avant d'ouvrir ses ailes, est saisie d'angoisse devant l'horrible nuit. Tu parais alors, ô la plus gracieuse des étoiles, et envoies ici-bas ta douce lumière; ton aimable et souriant rayon perce les noires ténèbres et montre le chemin s'éloignant de ces lieux. O toi, ma belle étoile du soir, j'aimai te saluer toujours ! Salue en retour celle à qui mon cœur fut fidèle, quand, passant près de toi, elle s'envolera de cette vallée de larmes pour aller au ciel recevoir la couronne des anges.

TROISIÈME SCÈNE

Wolfram, Tannhæuser, Vénus, les jeunes pèlerins

Tannhæuser

Je viens d'entendre une harpe, — oh! que tristes étaient ses accords! Ils ne venaient point d'elle.

Wolfram

Qui es-tu, pèlerin errant dans la solitude?

Tannhæuser

Qui je suis? Moi je te connais bien; — tu es Wolfram, le distingué chanteur.

Wolfram

Henri! C'est toi? Qu'est-ce qui si près d'ici t'amène? Parle! Oses-tu, encore chargé de ton crime, diriger tes pas vers ce pays?

Tannhæuser

Sois sans souci, mon cher chanteur! Je ne te cherche nullement, non plus que nul des tiens, mais plutôt quelqu'un qui me montre le chemin que je trouvai jadis comme par un prodige.

Wolfram

Et quel chemin?

Tannhæuser

Le chemin du Vénusberg.

Wolfram

Horreur! ne souille pas mon oreille! Ta folie va-t-elle jusque là?

Tannhæuser

Connais-tu le chemin?

Wolfram

Insensé, mon âme se glace d'effroi à tes paroles! Où as-tu été? Dis, n'es-tu pas allé à Rome?

Tannhæuser

Ne me parle point de Rome!

WOLFRAM

N'as-tu pas été à la fête du Jubilé ?

TANNHÆUSER

Ne m'en parle pas !

WOLFRAM

N'y as-tu pas été ? Oh ! dis-le moi, je t'en conjure !

TANNHÆUSER

Eh bien, oui, j'ai été à Rome !

WOLFRAM

Parle donc ! Raconte-moi ton voyage, ô malheureux ! Je me sens pour toi saisi d'une pitié profonde.

TANNHÆUSER

Que dis-tu là, Wolfram ? N'es-tu pas mon ennemi ?

WOLFRAM

Je ne le fus jamais, tant que je crus ton âme pieuse. Mais parle ! As-tu été à Rome en pèlerin ?

*

TANNHÆUSER

Eh bien, écoute. Toi, Wolfram, tu dois tout savoir. Mais arrière de moi! La terre où je repose est maudite. Écoute, Wolfram, écoute. L'âme en fervente prière, comme nul pénitent ne l'eut jamais, je pris le chemin de Rome. Car un ange avait ôté l'orgueil de mon âme altière et criminelle. Et pour lui je voulais dans l'humilité expier mes fautes, implorer de Dieu ce salut qu'on me disait perdu, afin d'adoucir les larmes que naguère cet ange versa pour un pauvre pécheur! La route où marchait le pèlerin le plus accablé, il me paraissait trop aisé de la suivre : foulait-il le tapis moelleux des prairies, mon pied nu cherchait la ronce et le caillou; apaisait-il sa soif à une fontaine, moi je buvais la flamme ardente du soleil; élevait-il vers le ciel ses pieuses *prières*, moi je versais mon *sang* pour la gloire du Très-Haut. L'hospice recevait-il les pèlerins, moi je priais étendu dans la neige glacée; les yeux clos, pour ne point admirer leurs merveilles, je traversais comme un aveugle les magnifiques plaines de l'Italie. Telles furent mes souffrances. C'est ainsi que le cœur contrit, je voulais expier mes fautes pour adoucir les larmes de mon ange — C'est ainsi que je parvins à Rome, où je me prosternai au seuil de Saint-Pierre. Enfin l'aube du grand jour parut : les cloches sonnèrent et de célestes cantiques descendirent vers nous; des cris d'une sainte allégresse aussitôt retentirent, car ils annonçaient à la foule la grâce et le salut. Je le vis alors le messager de Dieu: devant lui tout un peuple était anéanti dans la poussière, tandis que des milliers de pèlerins absous se levaient et repartaient radieux. A mon tour je m'approchai moi-même : le front courbé, je m'accusai en de lamentables gémissements des plaisirs impurs que mes sens avaient partagés, et de la concupiscence que nulle mortification n'avait encore apaisée; pénétré d'une horrible douleur, je le suppliai de me délivrer des chaînes de feu qui me consument. Celui qu'ainsi je priai se leva et me dit : « Si tu as goûté ces voluptés impures, si ton cœur a brûlé des feux infernaux, si tu es allé au Vénusberg, tu es damné pour l'éternité. Comme la crosse que je tiens ne reverdira jamais, jamais tu ne seras délivré des flammes dévorantes de l'enfer. » Alors je tombai brisé sur le sol et je m'évanouis. Lorsque je m'éveillai, la nuit était venue, la place était déserte. Au loin j'entendis l'écho joyeux des chants de grâce, dont la douce harmonie m'écœura. Effrayé je m'éloignai d'un pas rapide pour ne plus ouïr cet hymne trompeur du salut qui glaçait mon âme d'horreur. Je me sentis attiré vers le séjour où sur un sein ardent je goûtai des voluptés sans nombre. O Vénus! je reviens vers toi et je vais redescendre dans la nuit enchanteresse de ta cour, où désormais ta beauté me sourira éternellement.

Wolfram

Arrête! Arrête! Malheureux!

Tannhæuser

Hélas! ne me fais pas te chercher en vain, — ah! qu'aisément autrefois je trouvai ta demeure. Tu entends que les hommes me maudissent, — douce déesse, conduis donc mes pas !

WOLFRAM

O insensé, qui invoques-tu ?

TANNHÆUSER

Ah ! ne sens-tu pas une agréable brise ?

WOLFRAM

A moi ! C'en est fait de toi !

TANNHÆUSER

Et ne respires-tu pas de suaves parfums ? N'entends-tu pas de folles mélodies ?

WOLFRAM

Mon cœur palpite d'effroi !

TANNHÆUSER

C'est la bacchanale des nymphes ! A moi, à moi, la volupté !

WOLFRAM

O malheur, voici qu'un charme impur s'annonce ! L'enfer s'approche en une course effrénée.

Tannhæuser

Tous les sens sont ravis de voir cette indécise clarté; car c'est le royaume enchanteur de l'amour. Nous entrons dans le Vénusberg.

Vénus.

Sois le bienvenu, ô amant infidèle! Le mépris et le ban te chassent-ils du monde? Et ne trouvant nulle pitié, cherches-tu enfin l'amour dans mes bras?

Tannhæuser

O belle et miséricordieuse Vénus! C'est vers toi que je viens, c'est toi que je désire!

Wolfram

Arrière, arrière, charme infernal! Ne viens pas captiver l'esprit du pur chrétien!

Vénus

Puisque tu t'approches à nouveau du seuil de ma demeure, que ton orgueil te soit pardonné; pour toi coulera éternellement la source de la volupté et tu ne me quitteras plus jamais!

Tannhæuser

Ah! j'ai perdu mon salut, mon salut! Eh bien! je m'abandonne aux plaisirs de l'enfer!

Wolfram

O Tout-Puissant! viens en aide à l'âme pieuse! Henri, — un mot peut te délivrer encore. — Songe à ton salut!

Vénus

A moi!

Tannhæuser

Laisse-moi!

Vénus

Oh! viens. Sois donc à moi pour l'éternité!

Wolfram

Malgré ton crime tu peux encore être sauvé!

Tannhæuser

Jamais, Wolfram, jamais! Il faut que je la suive.

Wolfram

Un ange a prié pour toi ici-bas, — qui bientôt planera sur toi et te bénira: *Élisabeth!*

Tannhæuser

Élisabeth!

Chant d'hommes

Salut à l'âme qui s'est envolée du corps de la pieuse martyre.

Wolfram

Ton ange prie pour toi près du trône de Dieu! Sa prière sera exaucée! Henri, tu es sauvé!

Vénus

Malheur à moi! Je suis perdue!

Chant d'hommes

Elle a reçu la couronne des anges, et la béatitude céleste.

Wolfram

Entends-tu ce chant?

Tannhæuser

Je l'entends!

Chant d'hommes

Sainte est la vierge pure! Unie aux divines chœries, elle est auprès de l'Éternel! Bienheureux le pécheur pour qui elle a pleuré, et pour qui elle implore la grâce du ciel!

(On apporte le cadavre d'Élisabeth.)

TANNHÆUSER

Sainte Élisabeth, priez pour moi !

(Il tombe évanoui.)

LES JEUNES PÈLERINS

Le salut ! Le salut ! Voilà le prodige du salut ! Le Seigneur a racheté le monde. A un instant sacré de la nuit, il s'est révélé par un nouveau miracle : il a fait, dans la main du prêtre, reverdir la crosse desséchée ; ainsi le salut va refleurir au pécheur brûlant des flammes infernales. Proclamez-le partout, afin qu'il apprenne sa grâce. Dieu règne sur le monde et sa miséricorde est infinie ! Alleluia ! Alleluia !

TOUS

Le pénitent a reçu le salut de la grâce. Il entrera un jour dans la paix bienheureuse du ciel !

www.ingramcontent.com/pod-product-compliance
Lightning Source LLC
LaVergne TN
LVHW051504090426
835512LV00010B/2328